ANANDA BODHI

Promesses de vie

RECUEIL DE CONTES BOUDDHISTES POUR S'ÉPANOUIR AU QUOTIDIEN

GUIDE D'ACTIVITÉS
INCLUS

Print ISBN : 9798871597217

Illustrations : Christian Papazoglakis

À ma chère maman,
symbole d'amour et de sagesse...

TABLE DES MATIÈRES

INTRODUCTION

Nous vivons tous aujourd'hui des vies effrénées au rythme de nos rendez-vous, des notifications et de nos agendas surchargés et nous nous laissons souvent submerger par ce flot incessant d'exigences extérieures.

Comment faire pour ralentir ? Pour réellement profiter de la vie ? Pour se rendre compte de ce qui est véritablement important pour nous ?

Ce recueil de contes nous réapprend à vivre le moment présent et à nous épanouir au quotidien grâce à de courtes histoires poétiques et inspirantes nous incitant à marquer une pause, à regarder autour de nous et à accorder de l'importance à ce qui en a vraiment.

Ce livre s'adresse à vous si vous éprouvez des difficultés à faire le vide dans votre esprit ou à déterminer vos priorités, si vous êtes en proie au doute ou à l'insatisfaction.

Vous y trouverez des contes enchanteurs qui vous offriront des conseils simples pour les problèmes de la vie que chacun rencontre au cours de son existence.

Chaque conte est suivi d'un encadré spécialement conçu pour vous aider à extraire et assimiler pleinement sa sagesse. L'objectif est d'enrichir votre vie, nourrir votre âme et vous guider vers la sérénité.

Au-delà de la simple lecture, vous découvrirez également des exercices pratiques. Ces activités sont pensées pour approfondir votre réflexion et vous inciter à intégrer les enseignements du conte dans votre quotidien. Grâce à des questions introspectives, des défis créatifs et des pratiques de méditation, ces exercices vous offrent une occasion unique d'expérimenter l'essence même du conte et de contribuer à votre épanouissement personnel.

Laissez-vous porter par les titres évocateurs et n'hésitez pas à relire ces contes chaque fois que vous éprouverez le besoin de retrouver le calme dans votre esprit.

Ananda Bodhi

Le potier de Magadha

Dans un village niché entre les montagnes et les forêts de l'ancien royaume de Magadha, vivait un artisan potier du nom de Gopa. Bien que réputé pour ses œuvres d'une finesse inégalée, il était surtout connu pour son tempérament colérique et son esprit toujours insatisfait.

Un jour, un sage errant, connu sous le nom de Dharmapala, arriva au village. Gopa, ayant entendu parler de la sagesse du vieil homme, décida de lui rendre visite, espérant qu'il pourrait lui enseigner le secret du contentement.

Dharmapala écouta attentivement l'artisan partager ses tourments et lui proposa un défi : « Gopa, fabrique un pot qui, à mes yeux, est parfait, et je te révélerai le secret du bonheur. »

Gopa se mit au travail avec ardeur. Jour et nuit, il façonnait l'argile, mais chaque pot présentait une imperfection aux yeux du sage. L'un était trop grand, l'autre trop petit, un autre pas suffisamment lustré.

Exaspéré, Gopa se rendit compte qu'il n'avait jamais pris le temps d'apprécier ses propres créations, se concentrant toujours sur leurs défauts.

Il retourna voir Dharmapala et lui présenta un pot simple, déclarant : « Celui-ci n'est pas parfait, mais il est le fruit de mon labeur et j'y trouve une beauté particulière. »

Le sage sourit et révéla : « Gopa, tu as découvert le secret. La perfection n'est pas une fin en soi, mais un chemin. C'est en appréciant le processus et en acceptant l'imperfection que réside le vrai bonheur. »

Gopa comprit que la quête de perfection dans son art était comme la quête du bonheur dans la vie : non pas un état permanent, mais une série de moments à chérir.

Il commença à vivre avec gratitude, appréciant chaque pression de ses mains, chaque courbe façonnée dans l'argile.

Explorez au-delà des mots : mettez en pratique l'esprit de ce conte à la page suivante.

La beauté est imparfaite, éphémère et incomplète. C'est pourquoi elle est précieuse.

La fable de Gopa nous enseigne que la poursuite de la perfection peut nous priver du bonheur. Comme Gopa, nous visons des idéaux parfois inaccessibles, risquant l'insatisfaction permanente tant qu'on ne les a pas atteints.

Dharmapala montre que le contentement vient de la valorisation du processus, pas de la perfection du résultat.

Cette histoire nous incite à apprécier nos efforts et à accepter nos imperfections, reconnaissant ainsi que le bonheur réside souvent dans l'appréciation des petites victoires. Elle nous exhorte à embrasser un bonheur authentique en appréciant la beauté de l'ordinaire et l'impermanence, nous libérant de la quête de la perfection.

Activités pratiques

La jarre de gratitude

Prenez un moment pour créer votre propre 'jarre de gratitude'. Chaque jour, écrivez sur un petit bout de papier quelque chose dans votre vie pour lequel vous êtes reconnaissant, aussi petit soit-il. Placez ce papier dans un récipient. Faites cela pendant un mois. À la fin du mois, relisez tous vos messages de gratitude pour vous remémorer toutes les belles choses que vous avez appréciées durant cette période. Cela ressemble à la leçon de Gopa, qui a appris à apprécier la beauté de ses pots imparfaits.

Défi quotidien

Pendant une semaine, lancez-vous le défi de complimenter chaque jour quelqu'un pour quelque chose d'imparfait mais néanmoins admirable qu'il ou elle a accompli. Cela peut être un compliment sur une tâche réalisée de manière unique ou sur un trait de caractère qui lui est propre.

Journal de méditation

Chaque soir, prenez un moment pour écrire dans un journal les instants de la journée où vous avez aspiré à la perfection. Quelles émotions ces moments ont-ils suscitées en vous ? Avec du recul, pouvez-vous percevoir de la beauté ou de la valeur dans les imperfections que vous n'aviez pas remarquées auparavant ?

Le jardin de l'esprit

Dans un village niché entre des vallées verdoyantes et des montagnes imposantes, vivait un vieux moine du nom d'Ananda. Il était connu pour sa sagesse et pour son jardin luxuriant, qui était le cœur du village. Un jour, un jeune homme du village, Kalsang, l'approcha avec une requête. « Ananda, mon esprit est aussi aride que la terre en hiver. Comment puis-je le rendre fertile et joyeux comme votre jardin ? »

Ananda invita Kalsang à s'asseoir à côté de lui sur un banc usé par le temps et commença son récit. « Ce jardin n'a pas toujours abrité une telle abondance de vie, » dit-il, les yeux parcourant l'étendue luxuriante. « Jadis, cette terre était aride, jusqu'à ce qu'un simple grain de sable, cadeau d'un voyageur, soit venu féconder son sol. »

Kalsang, perplexe, le regardait, espérant une explication. « Ce grain de sable incarne une vérité fondamentale : la nature de notre esprit est comme celle de la terre. Elle peut être cultivée pour donner naissance à des fleurs ou laissée en friche. »

« Chaque pensée est une graine, » poursuivit Ananda. « Les pensées de jalousie, de colère et d'avidité sont comme des graines de datura, belles mais venimeuses. Les pensées de compassion, de joie partagée et de générosité sont des graines de lotus, qui fleurissent dans la boue. »

Le moine se leva et commença à désherber.

« Vois-tu, chaque jour, je désherbe. Je choisis quelles pensées nourrir et lesquelles arracher. Cela demande du travail, de l'attention et de la patience. » Kalsang demanda alors comment il pouvait apprendre à cultiver son esprit. « Commence par la vigilance. Sois conscient de tes pensées. Puis, pratique le bonheur en étant reconnaissant pour le moindre bienfait et en célébrant le succès des autres. Enfin, réussis en faisant des actes de gentillesse sans attendre de récompense. »

Le jeune homme passa les jours suivants à travailler aux côtés d'Ananda, apprenant à semer des graines de bienveillance dans le jardin et dans son esprit.

Avec le temps, son cœur s'ouvrit comme les fleurs autour de lui, et il comprit la leçon la plus précieuse : la joie véritable est un jardin cultivé de l'intérieur.

La joie est un jardin que l'on cultive de l'intérieur.

L'histoire d'Ananda et Kalsang nous enseigne que l'état de notre esprit peut être cultivé tout comme un jardin. En choisissant nos pensées avec vigilance, nous plantons les graines du bonheur et du succès. La réussite vient de nos actions désintéressées envers les autres.

Ainsi, la leçon de vie que nous apporte cette histoire est que le bonheur véritable est un travail intérieur qui requiert attention et patience, et que nos pensées et actions déterminent la qualité de notre vie intérieure.

Activités pratiques

La grainothèque

Trouvez une bibliothèque locale qui organise le don et l'échange de graines. Si vous avez des graines issues de votre jardin, apportez-les pour les échanger. C'est une excellente occasion de rencontrer des habitants de votre quartier et de partager votre passion pour le jardinage.

Défi quotidien

Prenez un moment pour réfléchir aux idées et images qui ont germé dans votre esprit récemment. Comme un jardinier choisit soigneusement ses graines, gardez celles qui nourriront et enrichiront votre jardin intérieur.

Journal de méditation

Chaque jour, prenez un instant pour semer des pensées positives dans le jardin de votre esprit. Notez les idées et sentiments qui fleurissent pendant votre méditation, observant comment ils évoluent et grandissent avec le temps. Ce journal deviendra un témoignage précieux de votre croissance intérieure, un espace où chaque graine de réflexion peut se transformer en une floraison de sérénité et de compréhension.

La fleur de lotus dans la boue

Au cœur d'une vallée lointaine, un village prospérait, bercé par le murmure constant d'un ruisseau et protégé par l'ombre bienveillante des montagnes.

Dans ce village vivait un jeune garçon nommé Jampa, dont le cœur était lourd de questions et l'esprit troublé par des doutes qui assombrissaient ses jours. Jampa cherchait la paix, mais il ignorait où poser son regard.

Un matin, alors que l'aube perçait timidement les voiles de la nuit, Jampa rencontra un vieux sage, un moine errant du nom d'Ananda. Ananda, avec un sourire aussi vaste que l'horizon, parlait peu mais écoutait avec toute son âme. Jampa se confia à lui, exprimant son désir de trouver la clarté et la sérénité.

Ananda invita alors Jampa à une promenade matinale. Ils marchèrent en silence jusqu'à un champ de lotus, où les fleurs émergeaient de l'eau, immaculées et gracieuses, malgré la boue qui les entourait. « Jampa, » dit doucement Ananda, « le lotus ne choisit pas où il naît, mais il choisit de se tourner vers le soleil, de s'élever au-dessus de la boue. Tu es comme ce lotus. »

Jampa contempla les lotus, réfléchissant aux paroles du moine.

« Mais Ananda, comment puis-je choisir de me tourner vers le soleil quand les ombres de mon esprit sont si denses ? »

Ananda s'accroupit près de l'eau et répondit, « Comme le lotus, ton esprit a la capacité innée de s'élever. Commence par reconnaître la boue de ton esprit, ces pensées et émotions qui t'enchaînent. Ensuite, aspire à la lumière de la conscience, nourris-toi de la sagesse et de la compassion. »

Les jours suivirent et Jampa apprit à méditer auprès d'Ananda, à observer les mouvements de son esprit sans jugement, mais avec la douce persévérance du soleil matinal. Il apprit à accepter la nature éphémère de ses pensées, à les voir comme des nuages passant dans le ciel de son esprit. Et, peu à peu, la lumière de la clarté commença à briller en lui.

Il apprit aussi la compassion. Ananda lui enseigna que chaque être vivant est une part de ce même soleil, et en aidant les autres, il aidait également une partie de lui-même. Jampa commença à consacrer son temps à aider ses voisins, à écouter leurs histoires, à partager leurs fardeaux.

Le jeune garçon qui s'était perdu dans l'obscurité de ses doutes devint un homme dont le cœur reflétait la lumière qu'il avait cherchée si ardemment.

Le bonheur trouve ses racines dans la boue des expériences

Ce conte démontre que le bonheur et la clarté ne sont pas des destinations, mais des chemins que nous forgeons en choisissant de cultiver la sagesse et la compassion. La boue représente les défis et les souffrances, et le lotus, notre potentiel à transcender ces conditions et à nous épanouir en dépit d'elles. Cette histoire nous rappelle que chaque action, chaque pensée, est un pas vers le soleil de la connaissance de soi et du bien-être collectif.

Activités pratiques

L'art du lotus en papier

Fabriquez un lotus en origami en suivant un tutoriel sur YouTube. Mettez toute votre attention et conscience dans chaque pli, symbolisant la transformation et l'élévation. Ce processus rappelle le chemin de Jampa, s'élevant au-dessus de ses défis comme le lotus émerge de la boue. Chaque pli est un pas vers plus de clarté et sérénité. Placez votre lotus dans un lieu visible comme un rappel de votre potentiel de croissance et d'épanouissement.

Défi quotidien

Pour la semaine à venir, fixez-vous comme objectif de réaliser chaque jour un petit acte de compassion envers quelqu'un d'autre. Cela peut être aussi simple qu'écouter activement quelqu'un qui a besoin de parler, aider un voisin, ou offrir un repas à une personne dans le besoin. Rappelez-vous que, comme Jampa, en aidant les autres, vous nourrissez également votre propre lumière intérieure.

Journal de méditation

Prenez cinq minutes chaque jour pour pratiquer la respiration consciente. Asseyez-vous dans un endroit calme, fermez les yeux, et concentrez-vous uniquement sur votre respiration. Inspirez profondément, retenez votre souffle un instant, puis expirez lentement. Imaginez que chaque respiration vous aide à vous élever au-dessus des défis quotidiens.

L'arbre incliné

Dans une forêt séculaire, un arbre se tenait incliné, étrangement différent de ses jeunes frères forestiers. Son tronc courbé était la preuve qu'il s'était adapté aux caprices du vent, plutôt que de lutter vainement contre sa force. Cet arbre incliné était devenu une légende parmi les habitants du village voisin, représentant la souplesse face aux inévitables tempêtes de la vie.

Lhamo, fille du village, portait en elle une rigueur qui résistait farouchement à chaque tourment, à chaque bourrasque que la vie lui lançait. Elle avait vécu des épreuves douloureuses et s'était débattue de toutes ses forces face à ces épreuves. Mais cette résistance inébranlable la laissait épuisée, son esprit devenant aussi raide et fragile que le bois sec. Voyant cela, un sage au visage creusé par les sillons du temps, la conduisit un jour à l'arbre incliné pour lui révéler la sagesse de la nature.

« Pourquoi ne se brise-t-il pas, même face aux ouragans les plus féroces ? » s'interrogea Lhamo, en scrutant l'arbre qui se balançait doucement au rythme du vent. « Parce qu'il s'abandonne à la danse du monde, il ne combat pas, il accompagne, » répondit le sage, un sourire énigmatique aux lèvres.

Sous les branches dansantes de l'arbre incliné, Lhamo apprit à se laisser aller au rythme du vent, à accepter le changement comme un partenaire dans la valse de l'existence. Elle apprit que la force n'est pas dans la rigidité, mais dans la capacité à fléchir et à rebondir, à endurer les rafales sans se briser.

Les leçons de l'arbre incliné transformèrent Lhamo. L'esprit inflexible qui l'avait autrefois caractérisée s'était adouci, et elle trouva une nouvelle vigueur non pas dans la résistance, mais dans la flexibilité. Elle qui luttait autrefois contre chaque coup du destin devint une femme capable de se pencher face à l'adversité et de se redresser avec grâce, inspirant ainsi tous ceux qui cherchaient à apprendre de la sagesse du vent et de la forêt.

Comme l'arbre qui danse avec le vent, nous aussi pouvons apprendre à prospérer en nous adaptant.

L'histoire de Lhamo et de l'Arbre Incliné nous enseigne l'importance de la souplesse et de l'adaptabilité face aux défis de la vie. Comme l'arbre qui se penche avec le vent mais ne se brise pas, nous aussi nous pouvons apprendre à nous adapter aux changements et aux difficultés qui se présentent à nous. Cette histoire illustre la philosophie bouddhiste selon laquelle la résistance au changement est source de souffrance. Au lieu de lutter contre les forces que nous ne pouvons contrôler, nous devons apprendre à les comprendre et à les utiliser à notre avantage. Cela ne signifie pas abandonner ou se laisser vaincre, mais plutôt trouver une nouvelle force dans la flexibilité et la capacité à changer de direction lorsque cela est nécessaire.

Activités pratiques

La danse du vent

Lors d'un jour venteux, tout en respectant les consignes météorologiques, partez en marche face au vent. Inclinez-vous légèrement, apprenant à équilibrer résistance et adaptation. Laissez le vent vous guider. Cet exercice, amusant et éducatif, surtout avec des enfants, illustre l'importance de la souplesse et de l'adaptabilité face aux changements, tout en rappelant la nécessité d'agir avec prudence.

Défi quotidien

Chaque jour, engagez-vous à introduire un petit changement dans votre routine ou votre environnement. Cela peut être quelque chose d'aussi simple que de modifier votre itinéraire habituel, d'essayer un nouveau plat, ou d'aborder un problème sous un angle différent. L'objectif est de vous observer réagir à ce changement. Êtes-vous résistant ou flexible ? Comment vous sentez-vous face à ce changement ?

Journal de méditation

Asseyez-vous dans un endroit calme et commencez à respirer profondément. En inspirant, imaginez que vous êtes aussi flexible et adaptable que le vent. Lors de l'expiration, ressentez un retour à un état de calme et de stabilité, symbolisant votre capacité à rester centré malgré les changements et les défis. Cet exercice vise à développer la résilience et la sérénité face aux aléas de la vie, en s'inspirant de la fluidité et de la force du vent.

La quête de la graine

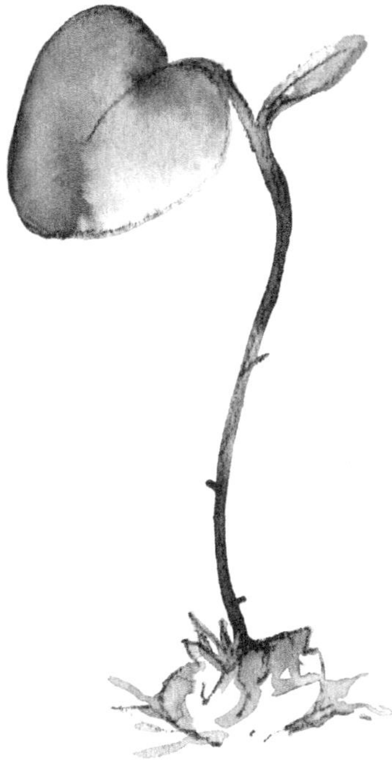

LA QUÊTE DE LA GRAINE

Dans une époque reculée, dans un royaume niché entre les bras protecteurs de l'Himalaya, vivait une femme nommée Norbu. Depuis longtemps, elle portait le deuil de son fils, une tristesse qui semblait aussi vaste que le ciel au-dessus des montagnes de sa patrie et qui ne s'apaisait pas. Un vieux lama, dont le visage était sillonné des lignes du temps et de la bienveillance, lui confia une quête énigmatique : trouver une graine de moutarde provenant d'une maison où la mort n'avait pas mis les pieds.

Le cœur battant au rythme de son profond chagrin, mais guidé par un mince fil de foi, Norbu parcourut villages et hameaux, frappant à chaque porte, demandant cette graine miraculeuse. Derrière chaque seuil franchi, elle trouvait des visages marqués par la perte, des âmes qui connaissaient le chant du chagrin. Les histoires de chaque maison étaient différentes mais chantaient toutes la même mélodie d'absence et de souvenir.

La quête de Norbu la conduisit sur des chemins sinueux, à travers des forêts denses et des rivières tumultueuses. Elle partagea des repas avec des étrangers, trouva du réconfort dans leurs paroles et offrit en retour l'oreille complice de son cœur endolori. Chaque histoire entendue était une perle ajoutée au collier de son expérience, chaque larme versée un baume sur la cicatrice de son âme.

Au fil de ses pérégrinations, le poids du deuil de Norbu commença à se transformer. Elle comprit que la graine pure et immaculée qu'elle cherchait n'existait pas, car le fil de la vie est inextricablement lié à celui de la mort, et que chaque foyer avait connu son toucher froid. Cette révélation ne lui apporta pas la graine de moutarde mais lui offrit quelque chose de bien plus précieux : la sérénité et l'acceptation.

Norbu retourna dans son village, non plus en tant que mère éplorée, mais en tant que porteuse d'un savoir ancien. Elle devint la gardienne d'une sagesse nouvelle, riche de compassion et d'empathie pour tous ceux qui, comme elle, avaient appris à danser avec l'ombre de la mort.

Nos pertes forgent une mélodie de compassion et d'unité humaine.

L'histoire de Norbu et de sa quête pour une graine de moutarde nous rappelle que le chagrin et la perte sont des expériences universelles qui nous relient tous. En cherchant une graine de moutarde provenant d'une maison épargnée par la mort, Norbu découvre que chaque foyer a connu la perte. Cette quête symbolise le chemin de chacun vers la compréhension et l'acceptation des vérités les plus difficiles de la vie. La leçon ici est que dans notre chagrin commun, nous trouvons la compassion et une communauté partagée. Cette histoire bouddhiste nous enseigne que l'acceptation de la souffrance est le premier pas vers la guérison, et que c'est en partageant nos histoires que nous pouvons alléger le poids de nos douleurs et tisser des liens d'empathie et de compréhension mutuelle.

Activités pratiques

La lettre

Rédigez une lettre à un être cher disparu, exprimant vos sentiments et souvenirs. Cet exercice symbolise la quête de Norbu pour la paix, en partageant et en acceptant les émotions liées à la perte.

Défi quotidien

Chaque jour, partagez une histoire ou un souvenir heureux d'un être cher perdu avec quelqu'un. Cela encourage la célébration de la vie plutôt que de se concentrer uniquement sur la tristesse de la perte.

Journal de méditation

Méditez sur la nature éphémère de la vie, en reconnaissant que la mort et la vie sont inextricablement liées. Notez vos pensées et sentiments sur cette réalité, en cherchant la sérénité et l'acceptation.

Le chemin de pierres

Dans les replis sinueux de la montagne, un chemin serpentait entre les monts et les vallées, telle une veine de terre érodée par les pas des pèlerins. Sur ce chemin escarpé, chaque pierre était une épreuve, chaque caillou un défi. Cependant, un homme du nom de Sherab avait entrepris de retirer les pierres de ce chemin, non seulement pour faciliter son propre voyage, mais aussi pour alléger la marche des voyageurs qui le suivraient.

Sherab, le dos courbé par le poids de sa tâche, s'arrêta pour reprendre son souffle après plusieurs heures d'efforts. Il avait compris que chaque pierre retirée n'était pas seulement un acte de service, mais aussi un acte de méditation, un acte de purification intérieure. Comme ses mains écartaient les obstacles physiques, son esprit s'affairait à éliminer les barrières mentales et émotionnelles qui l'entravaient.

Les pierres étaient nombreuses, et chacune portait une leçon. Une pierre lourde lui enseigna la persévérance, une pierre tranchante lui révéla la prudence, et une pierre roulante lui parla de l'impermanence. Jour après jour, Sherab poursuivait sa quête, et chaque soir, il contemplait le chemin dégagé, voyant en lui le reflet de son esprit de plus en plus libre.

Un jour, une grande pierre bloqua son chemin, une masse imposante qui semblait insurmontable. Sherab s'acharna contre elle, ses muscles criant de douleur, sa sueur se mêlant à la poussière du sentier. La pierre, immobile, devenait le miroir de son plus grand obstacle intérieur : l'orgueil. Il pensait que par sa seule volonté, il pouvait déplacer des montagnes, mais la montagne lui enseigna l'humilité.

Il fallut l'aide de compagnons de voyage pour que la pierre cède. Ensemble, ils firent rouler l'obstacle hors du chemin, et Sherab comprit que la voie vers la libération n'est pas une quête solitaire. C'est un chemin que l'on parcourt ensemble, où chaque main qui aide à déplacer une pierre contribue à alléger le voyage de tous.

Au fil des saisons, le chemin de Sherab devint un passage pour les chercheurs de vérité, les marchands de rêves et les nomades du ciel. Chaque voyageur qui empruntait la voie libérée ajoutait son pas à la danse collective, et chaque pierre retirée devenait une histoire, un souffle partagé dans le grand récit de l'existence.

Chaque pierre écartée est un pas de plus vers l'éveil.

« Le chemin de pierres » nous enseigne l'importance de l'effort personnel dans la quête de la croissance intérieure et la valeur de la communauté dans notre voyage vers l'éveil. Chaque obstacle surmonté enrichit notre expérience, et l'humilité nous permet de reconnaître la force qui réside dans l'union et le partage. Cette histoire nous rappelle que nous sommes les artisans de notre chemin, et en aidant les autres, nous nous aidons nous-mêmes.

Activités pratiques

Nettoyer son chemin

Choisissez un lieu dans votre environnement (comme un jardin ou un chemin de promenade) et consacrez un moment à le nettoyer. Comme Sherab retirait les pierres, enlevez les débris ou les déchets, en réfléchissant à comment chaque acte de nettoyage peut être une métaphore pour éliminer les obstacles intérieurs.

Défi quotidien

Chaque jour, identifiez une petite difficulté ou un obstacle dans votre vie quotidienne et trouvez un moyen de le surmonter. Cela peut être quelque chose d'aussi simple que de résoudre un malentendu avec un proche ou de surmonter une procrastination.

Journal de méditation

Méditez sur un obstacle personnel que vous ressentez actuellement. Comme Sherab avec la grande pierre, réfléchissez à ce que cet obstacle vous enseigne sur vous-même. Prenez le temps de consigner vos pensées et émotions, puis réfléchissez à des stratégies efficaces pour affronter ou contourner les obstacles que vous rencontrez.

Le miroir de la sérénité

Dans un coin oublié du monde, où les étoiles semblaient tremper leurs pieds dans l'eau, se trouvait un lac d'un calme absolu. À son bord, un vieil ermite, Padma, venait chaque nuit s'asseoir, cherchant dans le reflet de la lune sur l'eau limpide une vérité plus profonde que celle révélée par la lumière du jour.

La lune, disait Padma, était la gardienne de la sagesse, son visage argenté cachant les secrets de l'univers. Le lac, avec sa surface lisse comme le verre, était le miroir de l'esprit, révélant à ceux qui savaient regarder la nature immuable derrière l'illusion du monde changeant.

Padma enseignait à quiconque s'approchait pour apprendre, que la méditation était l'art de faire taire les ondulations de l'esprit, tout comme le lac se tranquillise après la chute d'une pierre. « Dans le silence et la tranquillité, la véritable nature des choses se révèle », murmurait-il.

Une nuit, alors que Padma était absorbé dans sa méditation, une jeune fille du village voisin, nommée Tsering, s'approcha timidement. Perturbée par les tumultes de son jeune cœur, elle était en quête de paix. « Padma, comment puis-je trouver la sérénité dans le tourbillon de mes pensées ? » demanda-t-elle.

Le sage ouvrit les yeux et invita Tsering à s'asseoir à côté de lui. « Regarde le lac. Que vois-tu ? » Tsering contempla le lac où la lune se reflétait, et répondit simplement : « La lune, Padma. » Le sage hocha la tête. « Maintenant, regarde plus profondément. Que vois-tu dans le reflet ? »

Tsering se concentra et vit alors que le reflet de la lune était bien plus qu'une simple image. Elle vit dans ce miroir l'immensité de l'univers, la paix de la nuit, et la sérénité de l'existence au-delà du tumulte des vies humaines. « Je vois la paix, Padma, » murmura-t-elle, une larme de compréhension perlant au coin de son œil.

« La méditation est comme le lac qui reflète la lune. Laisse tes pensées se poser comme des pierres au fond de l'eau, et ta vraie nature se révélera dans le calme de ton esprit, » lui enseigna Padma.

Nuit après nuit, Tsering rejoignit l'ermite, et avec son guide, elle apprit l'art de la méditation, de l'apaisement des vagues de l'esprit, jusqu'à ce que son reflet intérieur soit aussi clair et paisible que celui de la lune sur le lac.

Dans le silence de l'esprit serein, la vérité se révèle comme la lune dans le lac paisible : claire, brillante et complète.

« Le Miroir de la Sérénité » nous transmet la leçon que le calme et la paix peuvent être trouvés en nous lorsque nous apprenons à apaiser les troubles de l'esprit par la méditation. L'histoire nous invite à chercher au-delà des apparences superficielles pour découvrir la véritable nature de notre être, tout comme la lune se révèle dans le lac tranquille.

Activités pratiques

Balade lunaire en famille

Organisez une balade en famille la nuit, sous la lune. Choisissez un endroit sûr et paisible, comme un parc ou un chemin de campagne. Laissez les lumières et les appareils électroniques derrière vous pour vous immerger pleinement dans l'expérience. Pendant la marche, encouragez chaque membre de la famille à partager ses pensées ou à rester en silence, en observant le calme et la beauté de la nature nocturne. Cette activité permet de se connecter à la tranquillité de la nuit et d'apprécier le moment présent ensemble.

Défi quotidien

Chaque jour, prenez un moment pour chercher un lieu de calme dans votre environnement, comme un parc ou un jardin, et passez quelques instants en silence, cherchant votre paix intérieure.

Journal de méditation

Méditez en visualisant la lune. Imaginez ses qualités paisibles et lumineuses reflétées dans votre esprit. Notez vos pensées et sentiments après cette méditation, et comment ils évoluent avec le temps.

Le chant de la liberté

LE CHANT DE LA LIBERTÉ

Dans une forêt ancienne, vivait un oiseau libre, le rossignol nommé Rinchen, qui chantait ses mélodies du haut des arbres.

Un jour, il fit la rencontre d'un autre oiseau, un canari nommé Sonam, qui était confiné dans une cage dorée, appartenant à un riche marchand du village voisin. Rinchen remarqua que, bien que Sonam eût de la nourriture en abondance et une cage ornée de bijoux, il ne pouvait voler vers le ciel et se perdre dans l'horizon comme lui.

Curieux et attristé pour cet oiseau, Rinchen vint se percher près de la cage de Sonam un matin et entama une conversation.

« Pourquoi chantes-tu, alors que tu es emprisonné ? » demanda Rinchen.

Sonam lui répondit avec douceur : « Je chante parce que je suis libre de chanter, le chant est ma seule liberté, l'écho de mon âme qui ne peut être enchaînée. »

Intrigué par cette réponse, Rinchen passa de nombreuses journées à discuter avec Sonam, partageant des histoires du ciel bleu, des arbres verts et des vastes étendues. En retour, Sonam parlait de son monde intérieur, un univers sans limites qu'il explorait à travers ses chansons.

Le marchand, touché par la beauté de leur amitié et la sagesse de leurs échanges, fut ému par la force tranquille de Sonam. Il se dit qu'il ne devrait pas garder un si bel oiseau enfermé dans une cage, même dorée.

Un jour, il ouvrit la cage et laissa le canari s'envoler. Sonam, avec un battement de cœur hésitant, étendit ses ailes et rejoignit Rinchen dans le ciel.

Là-haut, il découvrit avec bonheur que la liberté extérieure amplifiait la liberté intérieure qu'il avait toujours cultivée.

Explorez au-delà des mots : mettez en pratique l'esprit de ce conte à la page suivante.

La liberté est l'harmonie entre l'âme qui chante et les ailes qui volent : elle réside dans le courage de vivre son essence véritable.

Cette histoire illustre le contraste entre la liberté physique et la liberté de l'esprit. Sonam, même enfermé dans une cage, conserve sa liberté intérieure à travers son chant, tandis que Rinchen, libre de voler, partage sa liberté extérieure. Leur amitié révèle que l'esprit peut rester libre malgré les contraintes physiques et que l'expression de soi est un chemin vers la libération intérieure. Finalement, l'histoire montre que la vraie liberté est amplifiée lorsque les barrières extérieures tombent et que l'esprit est déjà libre.

Activités pratiques

Le chant du rossignol

Trouvez un endroit tranquille, en nature ou en ville, et concentrez-vous sur les sons qui vous entourent. Choisissez un son agréable, évitant les nuisances. Ensuite, exprimez-vous librement en réaction à ce son : chantez, écrivez, ou partagez vos pensées à haute voix. L'important est de vous sentir libre et d'exprimer ce que ce son évoque pour vous.

Défi quotidien

Chaque jour, trouvez un moyen de célébrer votre liberté dans les petits moments. Choisissez une nouvelle expérience, même simple, comme un chemin différent pour marcher, ou un moment pour apprécier quelque chose de simple mais beau dans votre quotidien. Faites-en une liste de gratitude. Notez ces moments de liberté et de beauté dans un journal, en soulignant comment ces petites actions enrichissent votre sentiment de liberté et de joie.

Journal de méditation

Méditez sur le concept de liberté intérieure. Pensez à comment vous pouvez vous sentir libre, peu importe votre situation extérieure, comme Sonam qui a trouvé la liberté dans son chant. Notez vos réflexions sur la manière dont vous pouvez cultiver cette liberté intérieure au quotidien.

Les paroles de la montagne

Dans un lointain recoin de l'Himalaya, se trouvait une montagne d'où l'on pouvait entendre l'écho le plus clair de tout le pays. C'était là que vivait un ermite, Ösel, qui cherchait dans le calme et l'écho des hauteurs une réponse à la grande question de la vérité. Ösel passait ses journées en méditation profonde, interrompues seulement par les repas frugaux et les chants des oiseaux.

Un jour, alors qu'Ösel s'interrogeait sur la nature de l'existence, il cria vers les sommets rocheux : « Qu'est-ce que la vérité ? » et l'écho lui répondit avec la même interrogation. Intrigué, il posa une autre question : « Qui suis-je ? » et de nouveau, l'écho lui renvoya sa propre question. Ösel réalisa alors que l'écho ne faisait que répéter ses propres paroles, lui renvoyant une version amplifiée de ses propres doutes et certitudes.

Ce phénomène l'incita à une réflexion plus profonde sur la nature de l'écho. Il comprit que l'écho n'était pas juste un phénomène sonore, mais un reflet de lui-même. Il en conclut que si l'on veut que l'écho change, on doit changer les paroles que l'on crie vers la montagne.

Ösel commença à expérimenter avec différents mots. Quand il criait avec colère, l'écho lui renvoyait de la colère. Lorsqu'il chantait avec amour, l'écho lui renvoyait de l'amour. C'était une révélation : le monde extérieur était un miroir de son monde intérieur.

Les années passèrent, et Ösel devint un sage connu pour sa grande sagesse. Des gens de toutes les vallées venaient le voir pour lui demander conseil. Il leur enseignait la leçon de l'écho : « Le monde vous renvoie ce que vous lui donnez. Si vous cherchez la vérité, offrez la vérité. Si vous cherchez l'amour, offrez l'amour. »

Les paroles de Ösel touchèrent de nombreux cœurs. Les habitants des vallées commencèrent à vivre avec plus de conscience, comprenant que chaque action, chaque parole, avait un écho, et que pour vivre en paix avec les autres, ils devaient d'abord trouver la paix en eux-mêmes.

Quand Ösel quitta ce monde, les gens dirent que les échos de la montagne avaient changé. Ils n'étaient plus seulement des répétitions de sons, mais des répétitions de la sagesse que Ösel avait partagée avec eux. L'écho de la montagne était devenu l'écho de la vérité.

La montagne répercute l'écho de nos voix, de même, le monde nous renvoie le miroir de notre esprit.

L'histoire « Les paroles de la montagne » nous enseigne que le monde reflète notre propre être. L'écho qu'Ösel entend ne fait que répéter ses propres mots, illustrant que nous recevons de l'univers ce que nous lui offrons. Cette histoire nous incite à prendre conscience de notre discours et de nos actions, car ils façonnent l'écho que nous recevons en retour. C'est un appel à cultiver la positivité et la vérité intérieures pour qu'elles se manifestent dans notre environnement extérieur.

Activités pratiques

L'écho des mots

Trouvez un endroit spacieux et ouvert où l'écho est perceptible. Criez des mots ou phrases positives et attendez leur écho. Ce processus symbolise l'enseignement d'Ösel : l'écho (et le monde) reflète ce que nous y mettons. L'acte d'écouter l'écho de vos propres paroles positives peut renforcer la prise de conscience que nos paroles et actions ont un impact direct sur notre environnement et sur nous-mêmes.

Défi quotidien

Choisissez de partager des paroles positives et bienveillantes, que ce soit avec des proches ou des étrangers. Prenez conscience de l'impact de ces mots sur vous-même et sur les autres.

Journal de méditation

Méditez sur les mots et les pensées que vous envoyez dans le monde. Pensez à la façon dont ils reflètent votre état intérieur et comment ils influencent votre environnement. Notez vos réflexions et vos découvertes, en explorant des moyens de nourrir des pensées et des paroles plus positives et bienveillantes. Rappelez-vous que si suffisamment de personnes adoptent cette approche, nous pouvons collectivement rendre le monde meilleur, à l'image de l'impact qu'a eu Ösel sur son entourage et sa communauté.

Le jardin des réponses

Dans une contrée lointaine, où les montagnes embrassaient le ciel, vivait un jeune homme nommé Aravinda. Sa quête de sens le conduisit à errer dans les forêts profondes, où les arbres murmuraient des vérités antiques.

Un jour, Aravinda rencontra un vieux jardinier, seul gardien d'un jardin luxuriant connu sous le nom de Jaya Vana, le jardin des réponses.

Le jardinier, un sage au regard pénétrant, partagea avec Aravinda le secret de Jaya Vana : chaque fleur, chaque feuille portait en elle une leçon de vie. Mais pour les comprendre, il devait d'abord apprendre à écouter.

Aravinda s'engagea alors dans l'apprentissage de l'écoute. Jour après jour, il méditait auprès des plantes, capturant leur essence. Le vent, porteur de sagesse, lui révélait peu à peu les réponses à ses questions les plus profondes.

Il comprit que la vigilance était comme les racines d'un arbre : invisibles, mais essentielles à la croissance. Le bonheur, tel un rayon de soleil, ne pouvait être capturé mais pouvait nourrir l'âme. Et le succès, il s'avéra, n'était pas une destination mais un chemin pavé de petites victoires, comme les pétales qui forment une fleur.

Une nuit, alors que la lune baignait le jardin d'une lumière douce, Aravinda eut une révélation. La plus grande leçon n'était pas dans les plantes, mais en lui. Le jardin reflétait ce qu'il avait dans le cœur : la paix, la patience, la persévérance.

Avec cette sagesse, Aravinda quitta Jaya Vana. Il continua à parcourir le monde et partagea les leçons apprises dans ce jardin, éveillant les esprits et semant les graines du changement.

Explorez au-delà des mots : mettez en pratique l'esprit de ce conte à la page suivante.

Notre âme révèle les vérités que nous avons semées avec patience et amour.

L'histoire d'Aravinda dans le jardin des réponses nous enseigne l'importance de l'écoute et de la patience dans notre quête de sens. Elle met en lumière la nécessité d'être vigilant et attentif pour comprendre les leçons que la vie nous propose.

Le bonheur et le succès ne sont pas des trophées à gagner, mais des expériences à cultiver jour après jour, à l'instar d'un potager.

Ce conte illustre que chaque instant de notre vie peut être une occasion d'apprendre et que les réponses que nous cherchons sont souvent déjà en nous. Il nous invite à embrasser notre voyage avec humilité et ouverture d'esprit, reconnaissant que les vérités les plus profondes se révèlent souvent dans les manifestations les plus simples de la nature et dans le silence de notre propre introspection.

Activités pratiques

La leçon des fleurs

Visitez un jardin ou un espace naturel et passez du temps à observer les plantes et les fleurs. Essayez de comprendre les leçons qu'elles peuvent enseigner sur la vie, telles que la croissance, la résilience, ou la beauté éphémère. Réfléchissez à la manière dont ces leçons s'appliquent à votre propre vie.

Défi quotidien

Chaque jour, prenez un moment pour écouter vraiment les personnes autour de vous, sans jugement ni distraction. Pratiquez l'écoute active, cherchant à comprendre vraiment ce qui est dit, ainsi que les émotions et les pensées non exprimées.

Journal de méditation

Méditez sur la réflexion que les leçons les plus importantes sont en vous, comme Aravinda a découvert dans Jaya Vana. Prenez le temps de regarder à l'intérieur de vous-même, explorant vos propres pensées, sentiments, et intuitions. Notez vos découvertes et réfléchissez à la manière dont elles peuvent guider votre chemin dans la vie.

Les couleurs du temps

Dans le village de Kalpana, perdu entre les vallées éternelles, se trouvait une artiste nommée Mira, célèbre pour ses toiles si réussies qu'elles semblaient vivantes.

Un jour, Mira trouva un pinceau abandonné, orné de pierres précieuses et de motifs célestes. Lorsqu'elle effleura une toile avec, elle peignit non pas une image, mais un moment dans le temps. Fascinée, elle commença à voler des instants ici et là : un coucher de soleil, le sourire d'un enfant, l'éclat d'une étoile filante.

Mais à chaque instant capturé, Mira sentait une tristesse grandissante en elle. Les moments une fois peints ne semblaient plus avoir la même magie, et le temps autour d'elle devenait flou, comme si la toile absorbait la vie même du village.

Une vieille femme, voyant le trouble de Mira, lui offrit une sagesse ancienne : « La beauté du temps réside dans son caractère éphémère, et chercher à l'emprisonner, c'est lui voler son essence. »

Mira comprit alors que certains moments étaient destinés à être vécus, pas conservés. Alors qu'elle se tenait devant sa dernière création, une représentation parfaite d'une aube naissante, Mira ressentit un pincement au cœur. Cette toile, aussi belle fût-elle, était silencieuse et immobile, privée de la chaleur croissante du soleil et du chant des oiseaux qui saluent le jour nouveau. Elle avait voulu saisir la splendeur du monde mais elle n'avait saisi qu'une pâle imitation qui ne remplacerait jamais l'expérience de ces moments.

Mira déposa le pinceau magique et sortit de son atelier. Elle marcha à travers le village, observant la vie autour d'elle, sentant enfin le soleil sur sa peau, écoutant le rire des enfants et le bruissement des feuilles. Chaque pas la rapprochait de la libération de ses œuvres, mais aussi de sa propre libération. Elle se dirigea vers le centre du village, là où une fontaine ancienne murmurait, et là, elle fit le vœu de redonner au temps sa fluidité volée.

Avec une détermination sereine, Mira retourna à son atelier. Elle prit une toile vierge et pour la première fois depuis longtemps, laissa son cœur guider sa main sans l'aide du pinceau enchanté. Elle peignit, non pas ce qu'elle voyait mais ce qu'elle ressentait : le flux du temps, la danse de la lumière, l'harmonie des saisons changeantes. Elle peignit l'acceptation, le lâcher-prise et la joie simple d'être témoin de la vie qui se déroule.

Chaque instant est une toile où la vie peint avec des couleurs de temps : pour voir le tableau, il faut simplement être là, présent et attentif.

Ce conte enseigne l'importance de vivre dans le présent, d'apprécier chaque moment sans chercher à la contrôler ou le retenir. Il met en lumière la vérité que chaque instant est précieux parce qu'il est temporaire, et c'est cette transitoire nature qui rend la vie riche et vibrante.

Activités pratiques

Partage d'une création personnelle

Offrez une création personnelle à quelqu'un : cela peut être une chanson, un dessin, un poème ou toute autre forme d'expression artistique. L'important est que cela vienne de vous et soit fait avec l'intention de faire plaisir. Rappelez-vous que la valeur de votre création réside dans son authenticité et dans la joie qu'elle apporte, reflétant l'idée que toute création sincère est belle en soi.

Défi quotidien

Choisissez de vivre pleinement un moment de votre journée sans chercher à le capturer ou à le documenter. Déconnectez-vous de vos appareils et réseaux sociaux pour être totalement présent. Que ce soit en observant un coucher de soleil, en partageant un rire, ou en écoutant le chant des oiseaux, immergez-vous dans l'expérience, ressentant chaque sensation et émotion, à l'image de Mira redécouvrant la beauté de l'instant présent.

Journal de méditation

Méditez sur l'éphémérité de la beauté et du temps, en réfléchissant à la manière dont l'appréciation des instants présents enrichit la vie. Cette pratique s'inspire de Mira, qui apprend à savourer la vie sans chercher à la figer. Pensez à la richesse que chaque moment éphémère apporte à votre expérience quotidienne.

Le marchand de rêves brisés

Dans la ville de Mirages, un carrefour d'espérances et de désillusions, se tenait tous les dimanches un marché pas comme les autres. C'était le domaine d'Émeric, un marchand aux yeux pétillants de malice, connu sous le nom de marchand de rêves brisés.

Émeric vendait des artefacts étranges et merveilleux : des horloges qui pouvaient remonter le temps d'un regret, des miroirs qui reflétaient ce que l'on aurait pu devenir, des bouteilles contenant les échos de rires perdus.

Les gens venaient de loin pour posséder un morceau de ce qui aurait pu être, espérant réparer leurs erreurs passées.

Mais un jour, Émeric fit la rencontre d'une vieille femme, Lys, qui ne cherchait rien et qui portait en elle une sérénité inébranlable.

Intrigué, Émeric lui proposa son plus bel objet : une boule de cristal montrant la plus belle réussite qu'on aurait pu atteindre.

Lys, cependant, refusa doucement, partageant avec Émeric que les rêves brisés qu'il vendait étaient des illusions qui empêchaient les gens de voir la beauté de leur réalité imparfaite.

Touché par ses mots, Émeric commença à observer les conséquences de ses ventes. Il vit des clients enfermés dans des souvenirs altérés, des vies paralysées par des « et si » et des regrets.

C'est alors qu'il comprit que les artefacts qu'il vendait ne guérissaient pas, ils emprisonnaient.

Émeric décida de changer : il transforma son étal de rêves brisés en un sanctuaire d'espoirs nouveaux.

Il commença à vendre des graines pour cultiver des jardins, des livres pour apprendre de nouvelles compétences, des pinceaux et des toiles pour peindre des avenirs. Il offrit aux gens la possibilité de construire plutôt que de réparer, de rêver au lieu de regretter.

Avec le temps, le marché de Mirages devint un lieu de renaissance où chacun pouvait tisser un futur lumineux à partir des fils d'un passé déchiré.

Émeric, maintenant surnommé le Marchand d'Espoirs, avait découvert que le plus précieux trésor n'était pas dans ce qu'on avait perdu, mais dans ce qu'on pouvait encore créer.

L'espoir nous donne des ailes pour survoler nos échecs et nous diriger vers un futur que l'on peut créer avec courage et créativité.

Cette histoire est un vibrant rappel que nos échecs et nos regrets ne doivent pas définir notre avenir. Elle nous enseigne que la vraie guérison vient non pas de la nostalgie de ce qui aurait pu être, mais de l'engagement envers ce qui est encore possible. C'est un récit de renaissance, évoquant un avenir tel une toile vierge, offrant une opportunité unique de créer et d'embellir notre propre chef-d'œuvre.

Activités pratiques

Atelier de réparation communautaire

Organisez un atelier de réparation dans votre quartier où chacun apporte ses compétences pour aider les autres gratuitement. Cela peut inclure l'informatique, le jardinage, la cuisine, et d'autres domaines. L'objectif est de créer un espace où la communauté se réunit non seulement pour réparer des objets, mais aussi pour partager des connaissances et des compétences, favorisant un esprit de construction et de créativité collective, inspiré par la transformation d'Émeric de marchand de rêves brisés à promoteur d'espoirs et de nouveaux départs.

Défi quotidien

Chaque jour, faites un choix ou une action qui reflète votre espoir pour l'avenir, plutôt que de vous attarder sur le passé. Cela peut être un petit pas vers un grand objectif, ou simplement une action qui vous rend heureux et optimiste.

Journal de méditation

Méditez sur le concept de renaissance et de création de nouvelles opportunités dans votre vie. Réfléchissez à la manière dont vous pouvez vous libérer des regrets et des « et si », pour vous concentrer sur la construction d'un futur lumineux, à l'image du changement opéré par Émeric.

Le souffle du dragon sage

Dans le royaume de Sãgar, où les légendes se mêlaient à la brume des aurores, le Dragon Sage de la Montagne Dorée veillait sur les terres. Sa sagesse était aussi vaste que les cieux, et son souffle avait le pouvoir de dissiper l'obscurité de l'ignorance.

Un villageois du nom de Jivan avait pour ambition d'aider son village à devenir plus sage car les gens du village avaient toujours vécu ensemble et personne n'était jamais parti à l'aventure pour acquérir de nouvelles connaissances. Les enfants apprennaient difficilement les mêmes choses que leurs parents et leurs grands-parents avaient appris.

Ainsi,poussé par la soif de connaissance, Jivan entreprit un périlleux voyage pour rencontrer ce dragon mythique.

Après un périple semé d'épreuves, Jivan se retrouva face au majestueux dragon, dont les écailles scintillaient telles des étoiles au crépuscule.

« Ô Dragon Sage, partage avec moi la sagesse du monde. », implora Jivan. Le dragon, ému par la pureté de sa quête, exhala lentement un souffle chatoyant qui enveloppa Jivan et le village en contrebas.

Ce souffle mystique conféra aux villageois la clarté d'esprit. Les enfants apprirent plus vite, les sages du village débattaient avec une nouvelle profondeur, et même les plus vieux se mirent à voir le monde avec une ouverture d'esprit renouvelée.

Avec le temps, le souffle du dragon se dissipa mais l'éveil qu'il avait provoqué perdura.

Jivan, devenu enseignant, partageait toujours les enseignements du dragon, affirmant que la sagesse était un feu éternel qui devait être nourri par la curiosité et l'apprentissage continu.

À sa mort, un autre membre du village reprit le flambeau et continua à partager cette nouvelle sagesse.

Explorez au-delà des mots : mettez en pratique l'esprit de ce conte à la page suivante.

Dans le souffle du sage, réside le pouvoir de transformer l'ignorance en lumière, et de guider les âmes vers les sommets de l'entendement.

Le conte du Souffle du Dragon Sage nous montre que la sagesse est une lumière qui peut illuminer toute une communauté. Il souligne l'importance de la quête du savoir et l'impact profond que peut avoir l'enseignement sur une société.

Jivan et les villageois de Sāgar découvrent que la connaissance est un cadeau qui se partage, un héritage qui enrichit aussi bien celui qui le reçoit que celui qui le transmet.

L'histoire inspire un engagement envers l'éducation et un rappel que l'éveil de l'esprit est une responsabilité collective.

Activités pratiques

Contribuer à la communauté

Offrez bénévolement vos compétences et votre temps dans les organisations locales, telles que les écoles de devoirs ou les maisons de retraite. Cette action gratuite permet non seulement d'aider les autres, mais aussi de favoriser votre propre croissance. En partageant vos connaissances et votre temps, vous contribuez à tisser des liens solides au sein de votre communauté, reflétant l'idée que nous avons besoin des autres pour grandir et évoluer.

Défi quotidien

Engagez-vous à apprendre continuellement, que ce soit en découvrant un fait intéressant, en développant une nouvelle compétence, ou en explorant une perspective différente. Considérez cet apprentissage comme un moyen de vous améliorer et de devenir une meilleure personne, à l'image de l'éveil des habitants du village dans le conte. La connaissance enrichit non seulement l'individu, mais aussi la communauté, en favorisant la croissance personnelle et collective.

Journal de méditation

Méditez sur votre propre curiosité et désir d'apprendre. Réfléchissez à comment vous pouvez nourrir votre soif de connaissance et de sagesse au quotidien, à l'image de Jivan qui cherche l'enseignement du Dragon Sage.

La danseuse et la lune

Avani était une danseuse dont la grâce était telle que la nuit elle-même semblait s'arrêter pour admirer ses mouvements. Cependant, Avani était née sous une lune éclatante et croyait que son talent ne pouvait s'épanouir qu'enveloppée par le manteau de la nuit.

Chaque nuit, sans exception, Avani dansait sur une colline dominant son village, baignée dans la lumière douce de la lune qui caressait son corps à chacune de ses pirouettes et de ses sauts.

Les villageois ne l'avaient jamais vue sous le soleil levant ou à son zénith mais seulement de loin dans l'ombre de la nuit.

Avani, cependant, portait en elle une aspiration secrète : danser sous le soleil et partager sa passion avec tous. Mais la peur que la lumière du jour ne révèle ses imperfections la paralysait.

La sage du village, Marama, observa Avani dans l'obscurité et reconnut son conflit intérieur. Elle lui dit un matin, « La danse est l'expression de l'âme, et l'âme ne connaît ni l'obscurité ni la lumière, elle est pure énergie. »

Encouragée, Avani commença à danser à l'aube, où l'ombre de la nuit rencontrait la lumière du jour.

D'abord hésitante, elle trouva peu à peu son équilibre dans cette transition, apprenant à accueillir le jour avec ses mouvements, à accepter que la lumière ne dérobait pas la magie, mais la transformait.

Finalement, elle osa se présenter sous le soleil. Les villageois, habitués à ne la voir que de loin, furent éblouis non seulement par sa performance mais par son audace.

Avani dansait avec une liberté nouvelle, une passion renouvelée, et une authenticité qui transcendait la lumière dans laquelle elle se trouvait.

Sa danse devenait une célébration de chaque moment passé, un tableau vivant de sa propre histoire, de ses craintes surmontées et de sa gloire nouvellement découverte.

Elle apprit que son art n'était pas lié à la nuit ni à la lune, mais à l'esprit qui l'animait. Avani devint un exemple vivant que l'on peut briller de mille feux, quelle que soit la lumière sous laquelle on se trouve.

Les jours suivants, Avani dansa sans distinction à l'aube, au crépuscule et en plein jour.

La véritable danse de la vie commence lorsque l'on embrasse chaque rayon de lumière et d'ombre en soi.

La Danseuse et la Lune est une métaphore poignante de l'acceptation de soi et de ses imperfections. Elle raconte comment Avani, en s'efforçant de danser sous le soleil, apprend à intégrer et à chérir toutes les facettes de son être.

Ce récit nous incite à embrasser notre intégralité, à reconnaître que nos prétendues faiblesses peuvent devenir des sources de force unique et de beauté inattendue.

Activités pratiques

Valoriser ses qualités

Listez vos qualités, sans hésitation ni modestie excessive. Notez toutes les belles choses qui vous caractérisent et les raisons pour lesquelles les gens se tournent vers vous. Ensuite, engagez-vous à utiliser ces qualités pour aider les autres bénévolement. Ce processus, inspiré par l'audace d'Avani, encourage non seulement la reconnaissance de votre valeur personnelle, mais aussi le partage de vos talents et compétences pour le bien commun.

Défi quotidien

Osez faire quelque chose qui vous sort de votre zone de confort, en public ou en privé. Cela peut être une activité artistique, une conversation difficile, ou un nouveau défi. Cela incarne le courage d'Avani de danser sous le soleil, malgré ses peurs.

Journal de méditation

Méditez sur votre propre authenticité et comment vous pouvez l'exprimer librement, quel que soit le cadre. Réfléchissez à comment vous pouvez embrasser votre véritable moi, tout comme Avani a appris à danser dans toutes les lumières.

Le silence du vent

Dans la contrée céleste d'Anila, où les vents murmuraient les secrets du ciel et de la terre, vivait Vayuna, une jeune femme dont la voix lui donnait le pouvoir d'apaiser les tempêtes.

Elle ne parlait que rarement, mais lorsque ses lèvres s'ouvraient, le monde écoutait, car ses paroles étaient empreintes d'une sagesse profonde.

Un matin, Grand Vent, las d'être ignoré par les hommes préoccupés, décida de ne plus souffler.

Le monde tomba dans un silence oppressant, les moulins s'arrêtèrent, les voiles des bateaux pendirent tristement, et les oiseaux ne pouvaient plus prendre leur envol. La vie, telle que la connaissaient les habitants d'Anila, se figea.

Vayuna, voyant la détresse de son peuple, grimpa jusqu'au sommet de la plus haute montagne, là où les vents aimaient danser.

Elle invoqua le Grand Vent, le suppliant de partager la raison de son silence.

Le Grand Vent, touché par la sincérité de Vayuna, lui posa une énigme : « Qu'est-ce qui est invisible, mais sculpte le monde, doux mais puissant, et ignoré bien qu'essentiel ? »

Vayuna médita sur ces mots et, dans un élan d'inspiration, elle chanta une mélodie sans paroles, une ode au vent. Sa voix s'éleva, portée par le peu d'air qui restait, et le Grand Vent, ému par la beauté de la mélodie, se laissa emporter par la chanson de Vayuna.

La réponse à l'énigme était claire : c'était le vent lui-même, mais mais aussi la voix de Vayuna, et par extension, chaque action, pensée ou parole qui, bien que souvent inaperçues, avaient le pouvoir de changer le monde.

Le Grand Vent reprit sa course joyeuse, les moulins se remirent à tourner, les voiles se gonflèrent de nouveau, et les oiseaux reprirent leur vol.

Vayuna redescendit de la montagne, le cœur léger, sachant que son silence avait autant de valeur que ses paroles, et que les deux pouvaient apporter la paix et le changement.

Écoutez, et vous entendrez la symphonie du monde.

L'histoire de Vayuna et du Grand Vent est une parabole sur l'importance de la communication et de l'influence des actions discrètes. Elle illustre la puissance du silence et du calme, qui peuvent être aussi influents que les actions les plus bruyantes et visibles.

Le récit met en lumière la valeur intrinsèque de la réflexion, de la contemplation, et du pouvoir des actions non verbales. Il nous invite à reconnaître et à valoriser les aspects moins évidents de notre existence qui façonnent notre réalité, et à comprendre que même le silence peut être un acte de bravoure.

Activités pratiques

Chant pour le vent

Trouvez un endroit en plein air et chantez ou fredonnez une mélodie qui vous vient naturellement, sans paroles. Laissez votre voix s'harmoniser avec les sons de la nature, symbolisant la connexion de Vayuna avec le Grand Vent.

Défi quotidien

Chaque jour, trouvez un moyen d'exprimer quelque chose d'important mais souvent non dit ou invisible, que ce soit un sentiment, une pensée ou une appréciation envers quelqu'un. Cela reflète la sagesse de Vayuna en reconnaissant l'importance des choses non dites.

Journal de méditation

Méditez sur le pouvoir de vos mots et de votre silence. Réfléchissez à la façon dont votre communication, verbale ou non, influence votre environnement et ceux qui vous entourent, inspirée par la capacité de Vayuna à apaiser les tempêtes avec sa voix.

Anza, le maître d'école

Anza, un maître d'école dans le village de Nirvana, était reconnu pour son approche unique de l'éducation. Il croyait que chaque enfant portait en lui un monde de possibilités, un rêve à réaliser. Un jour, un jeune garçon, Arjun, rejoint son école. Timide et incertain, Arjun peinait à trouver sa voie.

Anza observa Arjun et découvrit son talent caché pour la musique. Il intégra alors la musique dans son enseignement, permettant à Arjun de s'épanouir. Inspirés, les autres enfants commencèrent à explorer leurs propres passions, transformant l'école en un havre de découverte et de joie.

Anza enseigna à ses élèves que l'éducation n'est pas seulement l'acquisition de connaissances, mais aussi la découverte de soi. Il montra que chaque enfant, comme une graine, possède en lui un potentiel unique qui, nourri avec soin, peut fleurir en quelque chose de magnifique.

Sous la tutelle d'Anza, l'école de Nirvana devint un modèle d'innovation et d'inspiration. Anza devint un symbole d'espoir et de possibilité, prouvant que l'avenir appartient à ceux qui croient en la beauté de leurs rêves.

La renommée d'Anza grandit, et avec elle, l'école de Nirvana devint un lieu de pèlerinage pour les éducateurs de tout le pays. Ils venaient observer la magie qui se déroulait dans ses classes, où chaque enfant brillait de sa propre lumière. Anza partageait volontiers sa philosophie, affirmant que l'éducation était un acte d'amour et de foi dans le potentiel humain.

Un jour, une éducatrice de renom, Amara, visita l'école. Elle fut émerveillée par la transformation qu'Anza avait apportée non seulement aux enfants, mais à toute la communauté. Les enfants étaient non seulement plus érudits, mais aussi plus heureux, plus confiants. Amara comprit que l'approche d'Anza pouvait changer la face de l'éducation.

Ensemble, Anza et Amara commencèrent à travailler sur un nouveau curriculum, intégrant les arts, la méditation et l'exploration personnelle. Ce curriculum se répandit bien au-delà de Nirvana, apportant une révolution dans la manière dont l'éducation était perçue et pratiquée.

Chaque enfant est un univers de possibilités, il suffit de les éclairer pour voir les étoiles briller.

Anza nous montre l'importance de reconnaître et de cultiver les talents uniques de chaque individu. Anza représente l'éducateur idéal qui voit au-delà des défauts et des incertitudes pour découvrir et nourrir le potentiel caché en chacun.

Cette histoire souligne la puissance de l'encouragement et de la foi dans le développement personnel et l'auto-réalisation. Elle nous rappelle que l'éducation véritable va au-delà des livres et des salles de classe, touchant le cœur et l'esprit des élèves. L'histoire d'Anza nous inspire à croire en nos propres rêves et à aider les autres à réaliser les leurs.

Activités pratiques

Cartographie des rêves

Créez une carte de vos rêves et aspirations en dessinant ou écrivant sur une feuille, chaque rêve étant représenté par une image ou un mot-clé. Après avoir visualisé vos aspirations, identifiez des étapes concrètes pour commencer à les intégrer dans votre vie quotidienne. Comme les élèves d'Anza, ne vous contentez pas de rêver, mais prenez des mesures, même petites, pour transformer progressivement ces rêves en réalité.

Défi quotidien

Repérez un talent ou une passion chez quelqu'un dans votre entourage et exprimez-lui votre admiration et vos encouragements. Mettez en avant ses compétences et qualités, en soulignant spécifiquement ce qui rend cette personne exceptionnelle dans son domaine. Encouragez-la activement à poursuivre et développer son talent.

Journal de méditation

Chaque jour, notez une qualité ou un talent que vous appréciez en vous-même. Méditez sur la façon de le nourrir et de le développer davantage, rappelant la philosophie d'Anza sur le potentiel unique de chaque individu.

Le tisserand de la cité des vents

Dans la lointaine Cité des Vents, les soupirs du temps ancien s'entrelaçaient avec les rafales qui sifflaient entre les maisons et les ateliers.

Elian, un tisserand dont les doigts étaient aussi habiles que les pensées étaient profondes, vivait ici, créant des étoffes qui semblaient murmurer les secrets du vent. Sa renommée ne tenait pas seulement à la qualité de ses tissus, mais à leur capacité à résonner avec le souffle du monde.

Le tisserand aspirait à un chef-d'œuvre : un voile si parfait qu'il pourrait capturer l'essence même du vent, sa caresse apaisante et sa force dévastatrice.

Elian passa des années à étudier les vents, leurs rythmes et leurs humeurs, cherchant à comprendre comment un fil pouvait saisir leur esprit insaisissable.

Un jour, lors d'une tempête qui semblait vouloir emporter la cité elle-même, Elian eut une révélation. Il comprit que la beauté du vent ne réside pas dans sa capture, mais dans son éternelle liberté. Il vit que chaque rafale, chaque zéphyr avait sa propre histoire, un récit qui ne pouvait être enfermé dans les fils d'une étoffe.

Avec cette nouvelle sagesse, Elian commença à tisser non pas pour capturer le vent, mais pour danser avec lui. Ses doigts volaient sur son métier à tisser, créant non pas un voile, mais plutôt un hymne tissé au vent lui-même. Et lorsque le voile fut terminé, il ne chercha pas à le garder, mais le lança dans les airs, où il s'éleva et dansa avec le vent, libre et sauvage.

Le tisserand avait appris que la maîtrise ne vient pas de la domination des éléments, mais de la compréhension et de l'harmonie avec eux. Il n'était plus un tisserand de tissus, mais de rêves, d'histoires et de la musique du monde.

Explorez au-delà des mots : mettez en pratique l'esprit de ce conte à la page suivante.

La véritable harmonie avec l'univers ne vient pas lorsque nous tissons ses forces dans nos étoffes, mais lorsque nous apprenons à danser au rythme des vents libres.

Le conte d'Elian, le Tisserand de la Cité des Vents, nous rappelle qu'il y a des choses dans la vie qui ne peuvent être possédées ou contrôlées. La quête d'Elian symbolise notre désir parfois vain de maîtriser la nature, les gens ou les événements.

L'histoire nous enseigne que la véritable harmonie avec le monde autour de nous ne vient pas de la contrainte, mais de la compréhension et de la coexistence.

En apprenant à 'danser' avec les vents de la vie plutôt qu'à les emprisonner, nous pouvons découvrir une forme de liberté et de beauté que nous n'aurions jamais imaginées.

Activités pratiques

Construire une girouette en famille

Pour réaliser une girouette, commencez par dessiner et découper une flèche en carton de 20 cm de long et 5 cm de haut. Fixez ensuite un bouchon de stylo au dos de cette flèche à la verticale, en utilisant du scotch robuste. Placez le bouchon sur une baguette (comme une baguette japonaise) pour créer un axe de rotation. Enfin, plantez cette baguette dans une boîte de conserve remplie de sable ou de terre pour stabiliser la girouette. Une fois terminée, la girouette s'animera avec le vent.

Défi quotidien

Prenez un moment pour écrire, inspiré par le vent. Que ressentez-vous ? Est-ce de la peur, de l'amusement, ou autre chose ? Laissez ces émotions guider votre écriture et notez les différentes façons dont le vent influence votre humeur.

Journal de méditation

Installez-vous confortablement et fermez les yeux. Inspirez profondément et imaginez que votre souffle est comme le vent, fluide et libre. En inspirant, sentez-vous aussi léger et insaisissable que l'air en mouvement. Pour finir, expirez, et visualisez-vous enraciné et solide, tel un arbre résistant aux rafales.

L'orchidée de l'aurore

Dans le village montagneux de Nymphea, éclipsé par la majesté verdoyante de la forêt environnante, se tenait une légende aussi délicate que l'aube elle-même. Une orchidée, connue sous le nom de l'Orchidée de l'Aurore, y fleurissait brièvement à la première lumière de l'aube, sa beauté éphémère et ses pouvoirs de guérison n'étaient qu'un murmure parmi les villageois.

Lyla, une botaniste au regard aussi vif que son esprit, consacra sa vie à étudier cette fleur énigmatique. Elle croyait fermement que si elle pouvait capturer et préserver l'essence de l'orchidée, elle pourrait offrir guérison et réconfort aux malades et aux affligés de son village.

Elle se leva chaque matin, avant que les étoiles n'aient cédé leur place au soleil, pour étudier l'orchidée, apprendre de sa routine fugace. Lyla tenta toutes les méthodes connues pour préserver la fleur au-delà de l'aurore, mais chacune fanait, perdant sa couleur et son pouvoir avec les rayons croissants du soleil.

La quête de Lyla prit des années, chaque échec pesant lourdement sur son cœur mais alimentant sa détermination. Une nuit, alors qu'elle veillait près de l'orchidée, une vieille femme du village la rejoignit.

« Pourquoi cherches-tu à arrêter le temps, enfant ? » demanda-t-elle doucement. « La beauté de l'orchidée, comme la vie, est dans son éphémère existence. »

Les mots de la vieille femme frappèrent Lyla de plein fouet. Elle avait été si concentrée sur la conservation de l'orchidée qu'elle avait négligé de comprendre ce que la fleur lui enseignait sur la nature même de la vie.

Avec une perspective renouvelée, Lyla commença à partager les leçons de l'orchidée avec le village. Elle enseigna aux gens comment chaque instant devrait être chéri, comment la finitude de la vie ajoutait de la valeur à chaque moment. Lyla planta des graines d'orchidées, encourageant le village à se joindre à elle chaque matin pour accueillir les fleurs à l'aurore, un moment de guérison collective, une célébration du cycle de la vie.

Les villageois apprirent à trouver du réconfort non pas dans une fleur perpétuelle, mais dans la beauté de la routine quotidienne de la nature, dans le fait de se rassembler, de partager un moment de silence, de paix et d'appréciation de la vie.

La guérison ne se trouve pas dans l'éternité d'une fleur, mais dans la précieuse fragilité de l'instant éphémère.

L'histoire de Lyla et de l'orchidée de l'aurore nous enseigne qu'il existe une beauté et une guérison dans l'acceptation de l'impermanence.

Elle nous rappelle de valoriser chaque moment présent, car c'est dans la nature éphémère de la vie que nous trouvons sa vraie valeur.

Lyla découvre que la guérison la plus profonde vient de notre capacité à vivre pleinement l'instant, à célébrer la vie dans toute sa fragilité, et à trouver la force dans la communauté et la connexion avec la nature.

Activités pratiques

Cadres de fleurs

Planifiez une activité en groupe pour cueillir des fleurs dans la nature. Une fois de retour, créez des cadres en carton. Placez les fleurs séchées entre deux feuilles de film plastique, puis scellez-les dans les cadres. Enfin, décorez les cadres avec de la peinture. Cette activité allie découverte de la nature et créativité artistique, en préservant la beauté des fleurs d'une manière originale et décorative.

Défi quotidien

Trouvez un élément naturel lors de vos déplacements ou promenades. Cela peut être une feuille, une fleur, ou un petit objet naturel. Ramenez-le chez vous et mettez-le en valeur dans votre salon ou votre chambre, tel un trophée ! Ce défi vous incite à observer et à apprécier les petits détails souvent négligés de la nature, tout en apportant une touche artistique et créative à votre quotidien.

Journal de méditation

Méditez sur la nature éphémère de la vie, inspiré par l'Orchidée de l'aurore. Concentrez-vous sur l'importance de chérir chaque instant et ce que cela vous enseigne sur la valeur du temps présent.

L'éclat des ombres

Le royaume d'Ébène était un lieu singulier, enveloppé dans une nuit perpétuelle, où la lune et les étoiles étaient les seules lumières guidant ses habitants. Né dans cet obscur royaume, le prince Kayin avait été béni avec une vision unique, lui permettant de discerner la vie dans les ténèbres avec une clarté cristalline.

On le surnommait « Celui qui Voit », et les villageois espéraient qu'il serait celui qui les mènerait vers la lumière promise.

Kayin grandit en portant le poids de cette espérance. Il apprit à naviguer dans l'obscurité, à reconnaître chaque contour et ombre. Mais au lieu de chercher une sortie vers une lumière illusoire, Kayin commença à voir la beauté qui prospérait dans l'obscurité : des fleurs nocturnes au parfum envoûtant, des créatures étincelantes et des pierres précieuses qui ne brillaient que sous le manteau de la nuit.

Le prince se rendit compte que son peuple avait appris à craindre les ténèbres, à les voir comme un voile sur la vérité et la beauté. Pourtant, là où ils percevaient un manque, Kayin voyait une abondance.

Il décida de partager sa vision avec ses sujets, de leur révéler que la nuit n'était pas un abîme à fuir, mais un ciel étoilé à embrasser. Kayin commença par organiser des veillées nocturnes, où il invitait les villageois à découvrir les merveilles du royaume d'Ébène.

Peu à peu, les gens commencèrent à ressentir un émerveillement qu'ils n'avaient jamais connu. Les artistes peignaient des toiles qui capturaient l'éclat des pierres sous la lune, les poètes composaient des vers sur les mélodies secrètes de la nuit, et les enfants jouaient sous le regard bienveillant des étoiles.

Un soir, lors d'une grande célébration, Kayin révéla sa plus grande découverte : un champ de fleurs luminescentes, les Amaryllis de Minuit, dont chaque pétale était une constellation en soi.

Le champ brillait d'une lumière douce, une preuve éclatante que même dans les ténèbres, la vie trouvait un chemin pour manifester sa splendeur.

La perspective du royaume changea pour toujours. Les ténèbres n'étaient plus un ennemi, mais un ami, un espace où la vie était célébrée dans toute sa diversité.

Kayin n'avait pas apporté la lumière dans le royaume d'Ebène ; il avait révélé que leur monde avait toujours été rempli d'éclat.

Dans le jeu subtil des ombres, nous découvrons les éclats les plus purs de la vie

L'histoire de Kayin nous montre que la peur de l'obscurité est souvent fondée sur l'inconnu. En apprenant à connaître les ombres, nous pouvons découvrir des beautés insoupçonnées.

C'est un récit qui célèbre la découverte de la lumière dans les endroits les plus inattendus, nous incitant à regarder au-delà de nos peurs et à trouver de la beauté là où nous n'avions vu auparavant que le vide.

Activités pratiques

Connexion en mouvement

Lors de vos trajets en bus ou en métro, saisissez l'opportunité d'engager une conversation légère avec un.e inconnu.e. Si la personne semble ouverte à la discussion, cela pourrait être l'occasion de nouer une nouvelle amitié. Toutefois, soyez attentif aux signes de désintérêt et respectez l'espace de l'autre. En alternative, approchez une connaissance peu familière dans votre entourage pour établir un lien plus profond. Parfois, une simple conversation peut ouvrir la porte à des relations inattendues et enrichissantes.

Défi quotidien

Quotidiennement, identifiez et notez une chose belle ou positive trouvée dans un moment difficile. Cela pourrait être un enseignement tiré d'une expérience ou une petite beauté cachée. Même dans les jours les plus sombres, il existe des lueurs d'espoir : un sourire, une blague amusante, ou le jeu des enfants. Reconnaître ces moments illumine les jours sombres et renforce la résilience et l'appréciation de la vie.

Journal de méditation

Méditez sur la façon dont vous pouvez trouver votre propre lumière intérieure dans les moments sombres, inspiré par la capacité de Kayin à voir la splendeur dans l'obscurité.

Les horloges du temps oublié

À la lisière d'une ville où les aiguilles des horloges s'étaient figées, vivait un horloger nommé Vidian. Ses cheveux étaient argentés par les années, et ses mains tremblaient, non pas sous le poids de l'âge, mais sous celui du remords. Vidian était le gardien d'un sanctuaire d'horloges silencieuses, des sentinelles du temps qui n'avaient plus égrené les secondes depuis une éternité.

La ville, jadis rythmée par le tic-tac harmonieux des horloges, était tombée dans un sommeil sans rêves, un lieu suspendu entre les souvenirs et les espoirs oubliés. Vidian, convaincu que réparer les horloges ramènerait la vie dans sa ville, passait ses journées penché sur son établi, les mains plongées dans les entrailles de ses machines bien-aimées.

Chaque horloge avait son histoire, chaque cadran avait connu des yeux brillants de joie ou humides de tristesse. Vidian les connaissait toutes, chaque cicatrice sur le bois, chaque égratignure sur le métal.

Un matin, une fillette nommée Tara entra dans sa boutique. Avec une curiosité enfantine, elle observa le vieil homme travailler. « Pourquoi cherches-tu à réparer le temps ?» demanda-t-elle avec l'innocence de ses dix ans. Vidian leva les yeux, perplexe. « Pour que nous puissions à nouveau vivre, pour que nous ne soyons plus prisonniers de ce moment figé,» répondit-il.

Tara prit la main du vieil horloger et l'entraîna à l'extérieur. « Regarde, » dit-elle en pointant les enfants qui jouaient entre les aiguilles immobiles, les amoureux qui se rencontraient sous les horloges silencieuses, les vieillards qui partageaient des histoires du passé. « La vie n'a pas cessé, elle a juste trouvé un autre rythme.»

Vidian, pour la première fois depuis des décennies, s'arrêta pour observer. Il vit que la ville n'était pas endormie, elle avait simplement adapté son pas au silence des horloges. La vie s'écoulait non pas au tic-tac des mécanismes, mais au battement de cœur de ses habitants.

Avec l'aide de Tara, Vidian commença à réapprendre à vivre. Il partagea ses repas avec les voisins, écouta les rires des enfants, et pour la première fois depuis longtemps, il permit au soleil de caresser son visage. Les horloges n'avaient plus besoin d'être réparées ; elles avaient servi leur temps.

Le temps véritable ne se mesure pas en secondes, mais en moments vécus et en souvenirs partagés.

Ce conte est une parabole sur la valeur du présent. Vidian découvre que le temps le plus précieux est celui que nous vivons maintenant, que la vie continue indépendamment des mesures et des contraintes.

L'histoire nous incite à comprendre que le temps est une construction humaine et souligne l'importance des expériences vécues et des souvenirs que nous forgeons.

L'horloge de la vie

Créez une horloge personnelle sans aiguilles et inscrivez sur chaque chiffre une activité ou un moment qui vous rend heureux. Cela symbolise la valeur des petits plaisirs de la vie, indépendamment du temps. Une fois achevée, placez cette horloge dans un endroit visible comme votre chambre, bureau, ou salon. Cela deviendra un sujet de conversation avec vos amis et votre famille, vous invitant à partager et à célébrer ensemble ces petits bonheurs de la vie quotidienne.

Défi quotidien

Choisissez de vivre un moment sans vous préoccuper de l'heure, que ce soit lors d'une promenade ou d'une discussion. Engagez-vous pleinement dans l'activité, en vous déconnectant si possible de votre smartphone ou de toute autre source de distraction. Faites cet exercice régulièrement, plusieurs fois par semaine, pour vous habituer à apprécier le moment présent sans la contrainte du temps.

Journal de méditation

Méditez sur l'idée de vivre dans l'instant. Concentrez-vous sur votre respiration, les sons et les sensations autour de vous, rappelant que la vie continue indépendamment de l'écoulement du temps.

NOTES

NOTES

NOTES

Votre avis est précieux pour nous !

Chaque commentaire que vous laissez enrichit l'univers de notre recueil et nous soutient énormément.

Nous vous invitons à prendre un moment pour exprimer votre ressenti en scannant le code QR ci-dessous.

En partageant votre avis, vous rejoignez notre communauté de lecteurs et contribuez à notre développement en tant qu'auteurs.

Merci de faire partie de cette merveilleuse aventure littéraire avec nous !

Printed in France by Amazon
Brétigny-sur-Orge, FR

18300489R00057